Ulrike Schild

Lebst du schon?

Von der Sehnsucht,
wirklich zu leben

johannis

Die Reihe »Glaubens- und Lebenshilfe« wird herausgegeben von Harald Petersen, Leiter der Seelsorgeabteilung des ERF

Bildnachweis:
Umschlag: Gräfenhein/HUBER
Innenteil: S. 9: Ch. Palma; S. 17: Bertsch/HUBER; S. 25: Nägele/IFA-Bilderteam; S. 33: G. Pump; S. 41: U. Schneiders; S. 49: V. E. Janicke; S. 53: H. Reinhard; S. 61: R. Ter

Bibliografische Information Der Deutschen Bibliothek
Die Deutsche Bibliothek verzeichnet diese Publikation in der Deutschen Nationalbibliografie; detaillierte bibliografische Daten sind im Internet über http://dnb.ddb.de abrufbar.

ISBN 3-501-07180-9
Reihe Glaubens- und Lebenshilfe 07180
Lektorat: Dr. Thomas Baumann

Umschlaggestaltung: Friedbert Baumann
Gesamtherstellung: St.-Johannis-Druckerei, Lahr/Schwarzwald
Printed in Germany 15527/2003

www.johannis-verlag.de

Inhalt

Wie mit den Lebenszeiten, so ist es auch mit den Tagen, keiner ist uns genug, keiner ist ganz schön, und jeder hat, wo nicht seine Plage, doch seine Unvollkommenheit. Aber rechne sie zusammen, so kommt eine Summe Freude und Leben heraus.
(Friedrich Hölderlin)

Sie wollen dem Leben auf der Spur sein? Sie spüren eine unbändige Sehnsucht nach erfülltem Leben? Ich gratuliere Ihnen! Denn es gibt nichts Spannenderes als das Leben selbst. Manchmal kommt es uns wie eine Achterbahn vor, und uns wird ganz schwindelig. Aber gleichzeitig ist es ein Markt der vielen Möglichkeiten. Die verschiedenen Lebensstile sind enorm facettenreich. Und auch die Vorstellungen, was Leben überhaupt ist und was es bedeutet, unterscheiden sich.

Fest steht: Es gibt sehr viele Möglichkeiten, sein Leben zu leben. Ich möchte nur einige kurz anreißen:

- Die einen bewältigen ihr Leben mit Bravour. Das sind die Königskinder. Was sie anpacken, gelingt ihnen.
- Andere schlängeln sich einfach nur so durch. Sie nehmen mit, was kommt, ohne darüber nachzudenken.
- So mancher, wie es so schön heißt, schleppt sich nur durchs Leben. Er ist sich selbst eine Last. Das Leben ist ihm eine Last.

- Bei anderen plätschert das Leben so vor sich, ohne Weg, ohne Ziel.
- Mancher bleibt aber auch auf der Strecke. Leider!
- Wieder andere fühlen bei sich nur »unerfülltes Leben«. Das schmerzt enorm bis in alle Glieder hinein, wie bei einer fiebrigen Grippe.
- Es gibt Menschen, die fühlen sich »lebendig tot«. Da pulsiert einfach gar nichts mehr. Der Akku steht auf Null.
- Manche leben ihr Leben wie im Schleuderwaschgang. Da ist nur hasten und eilen angesagt. Sie sind immer in Bewegung. Unermüdlich. Man könnte sagen, sie galoppieren durchs Leben, vielleicht aus Angst, etwas zu verpassen.
- Andere dagegen bleiben immer im »Stall« stehen und kommen nicht vom Fleck.
- Es gibt auch Menschen, die stets mit einem NEIN-Gesicht durch die Gegend laufen. Selten sieht man sie fröhlich, gelassen, heiter. In ihrer Gegenwart fühlt man sich oft schuldig, auch wenn man gar nichts getan hat.
- Einige lassen sich verbrauchen wie ein Radiergummi. Sie sind nur für andere Menschen da und spüren nicht, dass sie der Erschöpfung nahe sind. Sie reiben sich so nach und nach auf.
- Eine andere Gruppe von Menschen lebt nur vom Image, von Einfluss, Macht und Geld. Darin sehen sie Ziel und Sinn des Lebens.
- Wieder andere sind mit ihrem Leben zufrieden,

·H·F·

sie haben den Rhythmus ihres Lebens gefunden und fühlen sich beheimatet darin.

Haben Sie sich irgendwo, wenn auch vielleicht nur ansatzweise, wiederentdeckt?
Wie gesagt, es gibt unendlich viele Möglichkeiten.

Ich bin davon überzeugt, dass wir alle eine unbändige Sehnsucht nach wirklichem, echtem Leben haben. Nach einem pulsierenden Leben, das in Bewegung ist und das wir bewusst spüren können. An dem wir fröhlich beteiligt sind. Wo wir unseren Platz gefunden haben und unsere Aufgaben wahrnehmen können.

Wir sehnen uns danach,
- optimal zu leben.
- glücklich zu sein.
- angefüllt und ausgefüllt zu sein.
- ein sinnvolles Leben zu leben.
- ein blutvolles Leben zu leben.

In uns allen steckt der Wunsch, wirklich lebendig zu sein.

Und ich bin genauso davon überzeugt, dass Gott, der uns geschaffen hat, einen richtig guten Lebensentwurf für jeden von uns hat. Er ist ein Meister der Ideen, sonst hätte er es nicht geschafft, jeden einzelnen Menschen anders zu gestalten.

Mit Gott zusammen können wir dem Leben am besten auf der Spur sein. Dazu lade ich Sie ein. Es wäre schön, wenn es gelingen würde, den

Blick von den alten, gewohnten Dingen, von den Problemen und Sorgen, die uns tagtäglich anhaften, - und ich weiß, dass es davon mehr als genug gibt – wegzulenken auf die Dinge und Möglichkeiten, die es eben auch noch gibt.

Marie Hüsing hat einmal gesagt: *Das Leben ist so kurz. Machen wir doch einander Mut, das kurze Leben zu vertiefen.*

Ich möchte mich mit meinen Ausführungen besonders an diejenigen wenden, deren Leben vielleicht so eine Art Aufbauspritze braucht.

- Deren Leben eingefahren ist, vielleicht sogar langweilig, weil es immer in denselben Bahnen verläuft.
- Ich möchte mich an die wenden, die immer nur für andere leben.
- Und an die, die in großen Buchstaben auf ihrem Rücken stehen haben: *Ich bin reif für die Insel.*

Es würde mich freuen, wenn es mir ein ganz klein wenig gelingen würde, Ihnen Mut zu machen, neue Lebensmöglichkeiten zu entdecken und zu entfalten. Diesen »Kick« wünsche ich Ihnen; wobei ich natürlich weiß, dass jeder einen ganz individuellen Weg zu gehen hat. Darum gebe ich Ihnen keine Patentrezepte, aber einige Impulse, die Sie vielleicht in Ihr Leben einbauen können.

Du,
du bist.
Dein Leben lebt.
Ein Startpunkt wurde gesetzt
und jetzt rollt es ab.
Spürst du dein Leben?
Hörst du dein Leben?
Oder ist es das Leben anderer?
Kennst du dich wieder, in dem, was du tust
und wie dich andere behandeln – oder
wirst du dir immer fremder?

Das Leben wartet auf uns – es will von uns gelebt werden

Kennen Sie das Gefühl, am Leben vorbeizuleben, gar nicht so richtig ins Leben integriert zu sein? Irgendwie am Rande zu stehen? Das Gefühl, dass der Lebenstanz nicht so recht gelingen will? Sie spüren, dass Sie müde geworden sind an sich selbst, an anderen; nur noch mechanisch ziehen Sie Ihre Lebensstraße, die Last des Alltäglichen drückt Sie zu Boden.

Kennen Sie das Gefühl, dass das Leben wie im Sausewind an Ihnen vorüberzieht – und Sie fragen sich nur noch: Wo ist denn die Zeit geblieben? Was ist aus all meinen Träumen geworden?

Vielleicht ist das ein wenig düster gemalt – obwohl ich mit Menschen im Gespräch bin, die solche Gedanken und Fragen im Kopf haben. Ein Beispiel:

Da sind in einer Familie plötzlich alle Kinder aus dem Haus. Jahrelang hat die Mutter sich eingesetzt und aufgeopfert für die Kinder, sie hat alles getan, was in ihren Kräften stand, so wie Frauen das eben auch gut können. Doch nachdem die Kinder aus dem Haus sind, kommt sie irgendwie mit ihrem Leben vorne und hinten nicht mehr klar. Sie fühlt sich leer, alles scheint so sinnlos – eine große Traurigkeit überfällt sie. Endstation: Sie geht zu einer Therapeutin und die hat ihr meines Erachtens einen ganz weisen Satz gesagt:

»Sie haben jahrelang in den ›Gärten‹ Ihrer Kinder gearbeitet, umgegraben, gesät, gedüngt usw. *Jetzt fangen Sie endlich an, Ihren eigenen Garten zu pflegen.*«

Was für ein Satz! Den möchte ich Ihnen so richtig ins Herz sprechen! Jeder von uns hat einen Garten, seinen *eigenen* Lebensgarten zu pflegen. Ein wunderschönes, positives Bild für unser Leben! Das Leben wartet also auf uns, es will von uns gelebt werden.

Jeder Mensch braucht einen Traum

Wie sieht es in Ihrem Lebensgarten mit Visionen aus?

Träume sind Schäume, heißt es im Volksmund. Das gilt wohl eher extremen Träumern, deren Träumereien weit weg aller Realität sind. Doch wenn es bei unseren Träumen um Visionen und Vorstellungen geht, wie unser Leben noch aussehen könnte, dann ist das eine ganz andere Sache.

Viele große Dinge in dieser Welt haben mit nichts anderem als einer kühnen Vision angefangen. Denken wir an den berühmten Satz von Martin Luther King: *I have a dream – Ich habe einen Traum*. Er hatte den Traum, dass Schwarze und Weiße zueinander finden. Und was hat er mit dieser einen Vision nicht alles bewegt! Sein Traum ist für viele Menschen Realität geworden. Sein Traum war der Beginn einer neuen Ära für unterdrückte Menschen.

Es wird deutlich: Einen Traum, eine Vision zu haben hat ganz viel mit dem Leben zu tun. Visionen zu haben bringt nämlich unsere schöpferische Kreativität zum Blühen.

Träume und Visionen lassen uns über unseren eigenen Horizont hinauswachsen – und geben uns den Mut, Dinge in Angriff zu nehmen, die wir uns sonst vielleicht nicht trauen würden.

Unsere Träume und Vorstellungen stärken uns, nach neuen Zielen zu streben. Alles was wir brauchen, ist der Mut, wir selbst zu werden und die notwendigen Schritte zu tun, um unsere Träume zu verwirklichen.

Dabei sollten wir einen Schritt nach dem anderen gehen. Und es gilt immer wieder geduldig zu warten, bis der richtige nächste Schritt angezeigt ist. Aber die Reise selbst bietet uns letztlich Erfüllung und Befriedigung, wenn wir die einzelnen Schritte bewusst wahrnehmen.

Zu oft ist unser Blick nur auf das Erreichen des Ziels gerichtet, statt auf den Weg, auf das tägliche Leben, das das Ziel erst möglich macht. Dann denken wir: »Wenn ich mein Studium beendet habe, werde ich mich besser fühlen« oder: »Wenn nur meine Scheidung durch ist, gehe ich wieder arbeiten« oder sogar: »Wenn ich dieses Projekt durchstehe, sind meine Sorgen endgültig vorbei.«

Das Leben fängt erst richtig an, wenn ... – solche oder ähnliche Gedanken täuschen uns oft. Und wenn diese Einstellung unser Denken beherrscht, lassen wir viele Möglichkeiten zu leben an uns vorübergehen. Heute ist der Beginn vom Rest des Lebens. Heute!

Es ist gut, ein Ziel zu haben, auf das man zustrebt. Aber am Ende zählt der Weg, den man dorthin gegangen ist. Jede Stunde, jeden Tag, jede Woche sollten wir wahrnehmen und ihnen etwas abgewinnen. Jeder Augenblick des Tages ist ein

Geschenk Gottes – und bringt mich weiter. Jemand hat einmal gesagt: *Unsere Träume sind eine Einladung Gottes, unsere Flügel auszubreiten und uns in neue Höhen aufzuschwingen.*

Träume, die uns und andere Menschen weiterbringen, gehören zu dem Schicksal, das uns bestimmt ist.

Zwischen unseren Hoffnungen und Plänen und Träumen finden sich unsere Möglichkeiten. Dazu gehört auch, sich durch Misserfolg nicht von seinen Plänen abbringen zu lassen und dann nur noch zu erstarren.

Nehmen wir Thomas Edison als Beispiel. Er hatte siebenhundert erfolglose Versuche unternommen, das elektrische Licht zu erfinden, und er wurde von einem Reporter der New York Times gefragt: »Wie fühlt man sich, wenn man siebenhundert Mal versagt hat?« Der große Erfinder antwortete: »Ich habe nicht siebenhundert Mal versagt. Ich habe nicht ein einziges Mal versagt. Vielmehr ist es mir gelungen zu beweisen, dass diese siebenhundert Methoden nicht funktioniert haben.« Edison verbuchte übrigens noch mehrere tausend weitere »Erfolge« bis er schlussendlich den großen Erfolg hatte. Er erfand die elektrische Glühbirne.

Wie gut, dass er immer weitergemacht hat!

Nicht verzagen – immer wieder Neues wagen

Eine Bekannte von mir hat kürzlich ihren Führerschein gemacht. Sie ist schon 49. Sie hat ihren Führerschein nicht in Deutschland gemacht, sondern in Amerika, denn die Fahrlehrer in Deutschland waren von ihrer Fahrtauglichkeit so wenig überzeugt, dass sie ziemlich oft durch die Prüfung gerasselt ist. Nicht nur die hohen Fahrschulkosten brachten sie irgendwann an ihre Grenze, sondern sie wurde auch nicht mehr zur Prüfung zugelassen.

Der Traum vom eigenen Auto – dahin! Oder? Nach dem Motto »Nicht verzagen – Neues wagen« setzte sich meine Bekannte in den Flieger nach Amerika. Das Land ist groß und weit und so manche gesetzliche Bestimmung ebenfalls. Dort hat sie geübt und geübt – bis sie es eines Tages tatsächlich schaffte, mit dem Auto zu fahren. In Deutschland hat sie dann doch noch einmal eine Prüfung ablegen dürfen, und siehe da: Es hat geklappt.

Sie müssen jetzt nicht alle nach Amerika reisen, um Ihre Träume zu verwirklichen, aber Sie sehen an diesem Beispiel, dass es sich lohnt, einen Traum zu haben und ihn nicht so schnell aus dem Blick zu verlieren, auch wenn sich zunächst einmal Hindernisse auftun.

Lassen wir uns nicht allzu schnell abschrecken von den Misserfolgen unseres Lebens! Manchmal müssen einfach mehrere Versuche gestartet werden, um ein Ziel, eine Vision, einen Traum Wirklichkeit werden zu lassen.

Eine andere Bekannte von mir ist behindert. Sie kann sich nur mit zwei Stöcken mehr oder weniger mühsam fortbewegen. Und dennoch verkriecht sie sich nicht am heimischen Herd, sondern verwirklicht ihre Träume. Zum Beispiel reist sie sehr gerne. Eine nicht ganz einfache Angelegenheit, wenn man behindert ist. Doch mit Freundinnen zusammen darf es auch schon mal nach Brasilien gehen. Sie glauben gar nicht, wie bunt und fröhlich ihre Urlaubserzählungen sind!

Eine andere Frau, die ich aus der Gemeinde kenne, hatte immer die Vision von einem eigenen kleinen Häuschen. Sie hatte wahrlich kein Vermögen aufzuweisen, doch seitdem der Traum in ihr lebte, sparte sie auf dieses Ziel hin. Es machte ihr große Freude. Und sie hat es geschafft. Mit viel Eigenleistung und einer riesigen Portion emotionaler Energie hat sie ein altes Haus in Schuss gebracht – und ist heute stolze Hausbesitzerin.

Durch diese kleinen Beispiele wird deutlich: Pulsierendes Leben hat sehr viel damit zu tun, sich einzusetzen, sich Dinge vorstellen zu können und nicht darauf zu warten, dass einem die Dinge von selbst ins Haus schneien. Das passiert in den wenigsten Fällen.

Oder: Wer nur auf das blickt, was er *nicht* hat, was er *nicht* kann, der wird mit der Zeit verbittert. Wer aber träumerisch seine Füße auf weiten Raum stellt, wird plötzlich Lebensmöglichkeiten entdecken, die oft über die eigenen Vorstellungen hinausgehen.

Dem Leben auf der Spur sein heißt also: *Ich schaffe mir viele günstige Voraussetzungen, die das Leben nicht nur lebbar, sondern lebenswert machen.*

Jeder Mensch braucht eine geistliche Vision

Für Menschen, die ihr Leben mit Gott leben, und dazu möchte ich Sie herzlich einladen, ist es auch wichtig, eine *geistliche Vision* zu haben. Das bedeutet, im Glauben zu träumen, was Gott durch mich in dieser Welt noch tun könnte.

Ich weiß von einer Frau aus der Schweiz, die eine Vorstellung, eine Vision davon hatte, in der Nachbarschaft den Menschen von ihrem Gauben an Gott zu erzählen. Ihre Vision wurde Wirklichkeit. Sie hat für die Menschen in ihrer Umgebung gebetet, sie besucht, ihre Wohnung geöffnet, sie hat mit ihnen über ihre Sorgen und Nöte gesprochen. Über Sinn und Unsinn des Lebens, und die Menschen waren dankbar dafür. Diese Frau ist voller Esprit, voller Leben, voller Freude, voller Elan. Warum? Weil sie ihre Vision lebt.

Der verstorbene Theologe Helmut Thielicke hat einmal gesagt: *Nichts lässt uns gesünder sein, als ein Visionär Gottes zu sein.*

Eine Freundin von mir hilft beim Aufbau in Bosnien. Das war ihre geistliche Vision für die Umsetzung von: *Liebe deinen Nächsten wie dich selbst*. Dieser Satz hat sie nicht losgelassen: Kümmere dich um die Ausgebeuteten, um die Schwachen, um die Armen, die Kranken. Und sie ist glücklich dabei.

Jede geistliche Vision beginnt damit, dass wir das, was in der Bibel steht, wieder ernst nehmen – und uns für die Arbeit zur Verfügung stellen. Aufträge gibt es noch und noch. Arbeitslosigkeit ist hier kein Thema. Wer zur Mannschaft Gottes gehört, der hat immer zu tun: Kranke besuchen, für alte Menschen Einkäufe machen, im Gespräch sein mit Menschen, die Rat und Hilfe brauchen, beim Gottesdienst mithelfen, bei Hilfstransporten dabei sein, Kinder hüten, Ausflüge organisieren, das Gemeindehaus in Ordnung halten usw.

Vielleicht gehen Sie einmal ganz für sich folgende Fragen durch:

- Welche Visionen, welche Träume habe ich – oder könnte ich entwickeln? (Manchmal lohnt es sich auch, begrabene Träume wieder auferstehen zu lassen und sich zu fragen: Warum habe ich sie eigentlich begraben?)
- Was ist mein Herzenswunsch für die nächste Zeit?
- Was wäre realistisch, was könnte ich in Angriff nehmen?
- Wie könnte ich meiner Vision näher kommen?
- Wer könnte mir dabei helfen?
- Wie könnte meine geistliche Vision aussehen?
- Wie passt sie zu meinen »normalen« Träumen und Wünschen?

Vergangenheit ade!

So mancher sagt vielleicht: »Ich hatte mal Träume, Wünsche, Ziele – doch bei mir ist alles im Sande verlaufen. Nichts habe ich umsetzen können. Was im Endeffekt bleibt, ist Lebensfrust statt Lebenslust.«

Ich bitte Sie an dieser Stelle, sich nicht von den Pleiten und Pannen der Vergangenheit einholen zu lassen. Es gibt so viele Menschen, die ihr Leben nur aus der Vergangenheit nähren. Und sie wundern sich, dass sie nicht vorwärts kommen. Dass ihr Leben stagniert. Die Vergangenheit mit ihren Wunden und Speerspitzen steht ihnen oft im Weg. Sinnlos verbringen wir dann einen Großteil des Lebens damit, gegen unser negatives Selbstbild anzukämpfen.

Um nur ein kleines Beispiel zu nennen: Vor langer Zeit betreute ich einmal eine ältere Dame. Diese konnte sich noch an jedes böse Wort ihres Sohnes erinnern, das er ihr vor 50 Jahren gesagt hatte. Dadurch konnte sie nie ein richtig gutes Verhältnis zu ihrem Sohn entwickeln.

Wir wissen, dass Worte Macht haben, darum sollten wir ihnen etwas entgegensetzen, indem wir nach vorne schauen. Ich weiß, dass das einfacher gesagt, als gelebt ist. Manchmal sind seelsorgerliche oder therapeutische Gespräche da eine große Hilfe. Wenn wir es allein nicht schaffen, unsere belastende Vergangenheit loszulassen, die Vergangenheit, die immer noch Mitspracherecht einfordert – dann brauchen wir Hilfe. Falsche Scheu und Scham sind hier nicht angebracht. Es geht um unser Leben. Und wir haben nur dies eine.

In der Gegenwart leben

Das ist eine der größten Herausforderungen. Ich glaube, wir haben in unserer schnelllebigen Zeit ziemlich verlernt, wirklich und wahrhaftig in der Gegenwart zu leben. Die meisten Menschen bereiten sich darauf vor, demnächst zu leben.

Wer hat heutzutage Zeit, sich auf den Moment einzulassen? Wenn wir arbeiten, sind wir getrieben von Terminen. Von Fertigstellungsterminen, Abgabeterminen, Messeterminen, Freizeitterminen. Im heißesten Sommer wird die Winterkollektion vorbereitet, im Spätherbst leben viele schon auf Weihnachten hin, und manche sind immer gleich zwei Jahre weiter mit ihren Planungen. Kaum hat ein Schuljahr begonnen, ist in den Lehrerzimmern schon die Rede von den Abschlussprüfungen.

Mein eigener Beruf als Redakteurin und Rundfunkmoderatorin lehrt mich die Gnadenlosigkeit der Abgabetermine. Produktionsschluss ist das Schlüsselwort. Nun gut, in manchen Berufen ist das nicht anders zu machen, wir sollten uns aber davor hüten, dieses System auch auf die anderen Bereiche unseres Lebens zu übertragen.

Es gibt Schnellrestaurants, wo man sich zwischen Tür und Angel mal eben eine Bockwurst »reinzieht«. Wir haben ja keine Zeit. Wir haben Instant-Lebensmittel. Alles schon portionengerecht vorgefertigt. Kochen? Keine Zeit! Kein Wunder, wenn der Magen streikt. In der Gegenwart leben? Wahrlich keine leichte Übung!

Es wäre klüger zu sagen: Das, was ich tue, *das tue ich ganz und bewusst.* Eine kleine Geschichte macht das sehr schön deutlich:

Da kommt jemand zu einem Rabbi gelaufen und sagt: »Rabbi, wie machst du das, du bist immer so ausgeglichen, ruhig, bedacht – dabei hast du doch auch viel um die Ohren.«

Und der weise Rabbi gibt seine Antwort: »Wenn ich gehe, dann gehe ich, wenn ich sitze, dann sitze ich, wenn ich laufe, dann laufe ich, wenn ich liege, dann liege ich, wenn ich genieße, dann genieße ich, wenn ich esse, dann esse ich.«

»Wie?«, sagt der Mann. »Genau das mache ich doch auch!«

»Nein«, sagt der Rabbi, »wenn du liegst, dann stehst du schon, wenn du stehst, dann gehst du schon, wenn du genießt, bist du in Gedanken schon wieder bei der Arbeit usw.«

Hilfreicher wäre es, sich bewusst zu machen: Heute ist heute. Ich tue jetzt mein Bestes und was die Zukunft bringt, das wird man sehen. Jeder zu intensive Gedanke an das, was morgen oder übermorgen sein wird, schwächt die Konzentration auf das Heute, auf das Jetzt, auf den Moment.

Doch jeder Augenblick eines jeden Tages hält ein Geschenk für uns bereit, sich anderer Menschen, unserer Umgebung und unserer eigenen Mitwirkung bewusst zu sein. Kind Gottes zu sein. Im Heute zu leben, in jedem Augenblick gegenwärtig zu sein, das garantiert uns auch Gottes Schutz.

Wer aber lebt in der Gegenwart? Nachgesagt wird es den KünstlerInnen, Liebenden und allen, die zu meditieren und zu beten gelernt haben. Solche Momente des Innehaltens brauchen wir. Früher war der Sonntag, so wie Gott es geboten hat, eine Pause im Alltagsstrott. Heute wird durchgearbeitet. Gestatten wir uns doch wieder einmal Mußestunden. Sie helfen, in der Gegenwart zu leben.

Sonntagnachmittage

Die Sonntagnachmittage waren für mich das Schlimmste. Sie rochen immer nach sauberer Küche, nach Kaffee und Kuchen im Wohnzimmer, nach einem Spaziergang durch den Wald. Und das Ganze noch in Sonntagskleidung, und das hieß in der Regel: unbequem und kratzig. Ja, die Sonntage waren langweilig und unbequem. Damals mit dreizehn.

Zwei Samstage hintereinander, dagegen hätte ich nichts einzuwenden gehabt. Die Läden geöffnet, die Freunde frei, überall was los.

Heute, fast dreißig Jahre später, liebe ich den Sonntag. Alles einen Gang runterschalten, alles ein bisschen relaxter angehen, Beine hoch und die Lieblingsmusik hören, Kaffee und Kuchen und ein überschaubarer Spaziergang, sich mit Freunden treffen oder endlich mal das Lieblingsbuch wieder zur Hand nehmen.

Werde ich langsam alt? Oder liegt es schlicht daran, dass ich im Laufe der Jahre kapiert habe, warum es überhaupt einen Sonntag gibt? *Gott ruhte am siebten Tag von allen seinen Werken, die er gemacht hatte*, notiert der Schöpfungsbericht. Und diese Ruhe am siebten Tage, die will Gott auch seinen Geschöpfen gönnen.

Warum? Romano Guardini hat das mal schön formuliert: *Weil er (der Sonntag) der Tag der Ruhe ist, ohne den der Mensch unmenschlich wird*, schreibt er. Die Erfahrungen geben ihm Recht. Menschen, die zum Beispiel nur ihre Arbeit im Kopf haben und den Sonntag zum Alltag machen, brechen irgendwann zusammen.

Burnout ist ein Stichwort unserer Zeit geworden. Und vorher ist bei diesen Menschen sicherlich auch schon eine Menge Glas zerbrochen, vor allem auf der Beziehungsebene. Der Sonntag ist wichtig, weil sich der Mensch an diesem Tag seiner Würde ganz neu bewusst werden soll. Er ist Gottes Geschöpf und Ebenbild.

Und weil der Mensch an diesem Tag besonders an Gott denken soll. An anderen Tagen kommt er nämlich zu selten dazu. Auch hier lehrt uns die Erfahrung, dass das wirklich oft so ist. Der Alltag nimmt uns gefangen mit all seinen Aufgaben. Der Sonntag sollte frei davon sein, damit Raum zum Leben, zum Beten bleibt. Gott meint es gut mit uns. Er schenkt uns diesen Tag.

Ob wir uns diese Güte gefallen lassen?

Aus der Stille leben

Die Vielfalt des Lebens bewusst wahrnehmen und dann auch wirken lassen sind ganz wichtige Momente im Leben eines jeden Menschen. Man könnte da von Verinnerlichung sprechen. Oder auch davon, dass unsere Seele nachkommen muss.

So vieles prasselt auf uns ein. Darum brauchen wir einen Raum, einen stillen Raum, in dem wir ganz bei uns sind – und den Rest der Welt einmal völlig vergessen können. Wo all das »sacken« kann, was wir erlebt haben an Erfolg und Misserfolg, an Freude und Schmerz. Wo uns dann die schweren Situationen nicht mehr wie Gespenster im Nacken hängen, sondern wo wir aus einer ruhigen, starken Position heraus dem Unerklärlichen ins Gesicht sehen können.

So nehmen wir uns Zeit zum Begreifen. Zum Einordnen. Und nur so können wir Konsequenzen ziehen für unser weiteres Leben. Auf diese Weise, in der Stille also, nehme ich mein Leben ernst und sorge dafür, dass der Lebensfluss positiv weitergeht. Vielleicht in eine andere Richtung. Kurskorrekturen sind immer wieder nötig und auch wichtig.

In der Stille vor Gott leben

In der Stille des Herzens die Gegenwart Gottes wahrnehmen. Sein Nahesein. Das ist eins der größten Dinge, die ein Mensch erleben kann. Denn nur in seiner Gegenwart ist es überhaupt möglich, Heimat zu spüren, nach Hause zu kommen. In seiner Nähe können wir Wärme, Liebe, Vergebung, Erbarmen erleben. Wir dürfen kapieren, dass wir Kinder des Vaters sind und dass sein Herz für uns brennt. Dass er wirklich das Auge im Sturm ist, dass er uns durch die tiefen Abgründe unseres Lebens hindurchführen will. Sein Angebot steht.

Aus der Stille heraus vor unserem Schöpfer werden uns viele Erkenntnisse erwachsen. Zum Beispiel, dass Gott uns besser kennt, als wir uns selber kennen. Darum müssen wir ihm auch nichts verschweigen, nichts vor ihm verstecken.

Den dicken Rucksack voller Probleme, Sorgen und Fragen können wir getrost bei ihm abladen. Ehrlich dürfen wir ihm sagen, was uns ehrlich angeht. Nirgendwo dürfen wir *mehr* Mensch sein als in der Gegenwart Gottes. Er interessiert sich für unsere Probleme, er will in die Tiefen unseres Lebens hinein, in den Hinterhof, da, wo sich das eigentliche Leben abspielt.

Gott will in meinen Alltag hinein, in meine Traurigkeit, in meine Einsamkeit. Gott will da hinein, wo ich schon längst dicht gemacht habe, vielleicht aus schlechten Erfahrungen heraus. Er sieht die mühselig Beladenen und Verzweifelten. Er sieht die Anstrengungen jedes Einzelnen, ein guter Mensch sein zu wollen, er sieht die Ängste jedes Menschen vor dem Leben und vor dem Tod. Er sieht unsere Minderwertigkeitskomplexe und unsere Eifersucht.

Dazu braucht es die Stille – dies alles vor Gott auszubreiten, mit ihm darüber ins Gespräch zu kommen, zu ihm zu beten. Ihn um Hilfe zu bitten. Alle Fragen nach dem Sinn des Lebens laufen bei ihm zusammen. Nur Gott selbst kann mir eine Antwort darauf geben, warum ich bin und wozu ich bin.

Wenn das Leben gelingen soll, gilt es, sich nach der Gegenwart Gottes auszustrecken.

Kreative Aktivität

Jeder und jede von uns hat kreative Anteile. Auch sie erwachsen nur aus der Gegenwart.

Kreative Aktivität kann vieles heißen – Vögel beobachten, Tennis spielen, handarbeiten, kochen, malen, schreiben, angeln, Gartenarbeit, musizieren und vieles mehr. Kreative Aktivität nimmt uns im Hier und Jetzt völlig in Anspruch, und zugleich macht sie uns frei. Wir werden eins mit dieser Aktivität und drücken uns aus.

Man könnte sagen: Wir wachsen mit wachsender Aktivität. Nicht, wenn sie unter Druck geschieht, sondern nur, wenn wir mit Freude bei der Sache sind. Dann erleben wir, dass uns das, was wir tun, ganz erfüllt, sodass wir uns selber vergessen können.

Nach allem Innehalten ist es besonders wichtig, dass wir nach außen hin arbeiten und auf ein Ziel ausgerichtet sind. Es ist ja so, dass die kreative Aktivität von innen kommt. Da hat sie ihren Ursprung.

Spiritualität und Kreativität sind artverwandt. Tief in uns wurzelt ein Bedürfnis, das wie eine Nabelschnur zu Gott ist. Es ist das Bedürfnis, sich auszudrücken. Sei es durch Formen, Farben, durch Musik oder Schreiben. Dies ist in uns verankert als ein großes Geschenk Gottes an uns. Wir sollten es nicht ungenutzt lassen. Es gibt so viele Möglichkeiten. Kreativität ist eine Mitgift – etwas, das uns mitgegeben ist. Wir sollten ihr immer wieder vollen Ausdruck verleihen.

Vielleicht wäre es eine Idee, die Wohnung zu renovieren, um sich zu Hause, in den eigenen vier Wänden, wieder wohl zu fühlen. Die eigenen vier Wände sind ein wichtiger Bestandteil unseres Lebens. Das ist der Ort, den wir Heimat nennen, wo sich unser Leben entfaltet. Farbspiele, originelle Möbel, schöne Bilder gibt es genug. Schwere, dunkle Töne dürfen ruhig einmal einem knalligen Rot oder einem sanften Grün weichen. Ganz nach Geschmack. Angebote, Tipps und Ideen dafür findet man in jeder Zeitschrift. Oder man kann einmal bewusst durch Kaufhäuser gehen und Ideen sammeln.

Ein anderes Beispiel: Erst vor kurzem habe ich angefangen, Querflöte zu spielen. Ich habe das Instrument geschenkt bekommen. Was für eine Freude! Damit hat sich für mich ein großer Traum erfüllt. Immer schon wollte ich dieses Instrument lernen, doch habe ich immer wieder vieles andere dazwischen kommen lassen. Nun gab es keine Ausreden mehr.

Denken Sie doch einmal über die folgenden Fragen nach:

- Wo liegen meine Gaben und Fähigkeiten?
- Welche Talente habe ich in meinem Leben ver-

kümmern lassen?

- Welche kreative Aktion könnte ich in Angriff nehmen?
- Wem könnte ich mit einem kreativen Geschenk eine Freude machen?
- Mit wem zusammen könnte ich kreativ werden?
- Wer könnte mir auf einem bestimmten kreativen Gebiet etwas beibringen?

Das Staunen lernen

Wer staunt, lebt – und wer lebt, staunt, hat mal jemand gesagt. Jeder Mensch, jedes Ding, jede Situation trägt in sich etwas von der unbeschreiblichen Vielfalt des Lebens. Ob wir es bewusst wahrnehmen und die Tiefe und die Schönheit darin entdecken, liegt an unserer Bereitwilligkeit, alles, was um uns herum geschieht, zu beachten. Auch die kleinen Dinge, die fast Unscheinbaren wieder wahrzunehmen. Oft liegt gerade in ihnen ein ungeheurer Reichtum.

Herr,
wie achtlos bin ich geworden,
dass die Blume am Wegesrand
mich nicht mehr erfreut.
Und das Gezwitscher der Vögel
mich nicht mehr fröhlich stimmt.

Dass ein Blick von Herz zu Herz
mich nicht mehr berührt
und ein gutes Wort keine Regung mehr zeigt.

Hart wie Stahl ist meine Lebensrinde geworden.
Ich haste an den Schönheiten
dieser Welt vorüber
wie ein Getriebener,
der auf der Flucht ist.

Lass es nicht zu, dass ich mich deiner Wunder beraube

So viele Dinge um uns herum sind wunderschön und geheimnisvoll. Wir sollten all das Wunderbare speichern, es als Kostbarkeit und erinnerungswürdigen Moment in unser Leben hineinlassen. Wir haben das Staunen verlernt, weil wir uns an alles gewöhnt haben.

Darin liegt eine große Gefahr. Denn die Gewöhnung stört das Sehen. Nimmt uns den Glanz des Schönen, lässt alles stumpf erscheinen. Es kann sogar dahin kommen, dass wir uns vielen Möglichkeiten verschließen oder die Dinge und Menschen besserwisserisch beurteilen – anstatt sie liebevoll zu betrachten.

Reifes Leben dagegen ist maßloses Staunen. Ernesto Cardenal schreibt in seinem *Buch der Liebe*: *Alle Dinge sind die Liebe Gottes, in Dinge verwandelt.*

Was wir also mit unserer Gewöhnung zerstören, ist die Liebe Gottes. Wenn wir das Staunen wieder lernen wollen, dann sollten wir einmal mit Kindern spazieren gehen. Eine Runde durch den Wald lässt uns die Schöpfung neu entdecken.

Wer vermag noch zu lesen
die Handschrift des Schöpfers:
im Rauschen der Bäume,
im Singen des Windes,

im Leuchten der Felder,
im Prasseln des Regens,
beim Strahl der Sonne ...
Die Erde blüht! Gott sei Dank!

Wer vermag noch zu lesen
die Handschrift des Schöpfers:
in jeder zart schillernden Blüte,
im Duft einer Hyazinthe,
in jedem noch so winzig kleinen Korn,
in jedem lichtgetränkten Stern ...
Die Erde blüht! Gott sei Dank!

Wer vermag noch zu lesen
die Handschrift des Schöpfers:
dass im Wachsen,
Reifen und Fruchtbringen,
dass durch alles, was lebt,
deine Zeichen der Liebe
zu erkennen sind.
Gib mir, mein Gott,
eine Sprache,
dich dafür zu loben, dich anzubeten
mit nie gehörten Worten.

Gib mir, mein Gott
einen Lobgesang ins Herz,
dem keine Dunkelheit mehr
sich nahen kann.

Anbeten will ich dich
und dir zusingen meinen Dank!

Das Leben schmücken

Auch besondere Momente muss es in unserem Leben geben. Manche Menschen sind nur damit beschäftigt zu überleben. Sie haben keine Zeit, ihr Leben zu schmücken. Es schön zu machen. Es ins beste Licht zu stellen. Sie haben Mühe, sich auf etwas zu freuen. Den Luxus des »Überblicks« oder des »Loslassens« kennen sie nicht. Es zu »schaffen« ist ihnen genug. Alles sehen sie nur als Herausforderung, der sie kaum gewachsen sind. Alles ist Mühe. Alles ist schwierig, alles ist kompliziert. Nichts läuft wie geplant. Unvorhergesehenes wirft sie aus der Bahn. Überraschungen sind nicht drin. Fehler darf man sich nicht erlauben. Die Welt solcher Menschen ist klein.

Dabei ist das Leben viel reichhaltiger. Jeder Tag bietet mir die Möglichkeit, mich noch zu verändern. Keiner von uns muss festgelegt, festgeschrieben, festgewachsen sein. Ich bin heute schon ein anderer, als ich gestern war, auch wenn der Unterschied klein ist. Aber denken wir einmal ein Jahr zurück. Da sind doch Veränderungen zu verzeichnen.

Ich habe die Möglichkeit, Neues zu denken. Ich mache mir Mut, mich nicht zu wiederholen. Manchmal ist es schon eine Hilfe, einen anderen Weg zur Arbeit zu nehmen, damit das Auge wieder etwas Neues wahrnimmt.

Ich darf mich nach einem anstrengenden Tag mit einem wunderschönen Essen in einem Restaurant belohnen oder mich bei Freunden einladen. Ich darf mir, einfach nur so, ein Kleidungsstück oder ein Schmuckstück leisten. Ich darf eine Leidenschaft für ein bestimmtes Hobby entwickeln oder auch für einen Menschen. Ich darf faul auf der Terrasse liegen, ohne etwas zu tun. Ich darf einmal einen Tag verbummeln und Unnützes oder Eigennütziges tun. Ich darf einen Kinofilm genießen und ein dickes Eis dazu. Ich darf besondere Urlaube planen.

Es geht darum, das Leben höher zu achten als das Überleben. Wer nicht in Bewegung kommt, verachtet das Leben. Wer gestaltet, lebt.
Von dem bekannten Schriftsteller Rainer Maria Rilke wird folgende Geschichte erzählt:

Rainer Maria Rilke ging in der Zeit seines Pariser Aufenthaltes regelmäßig über einen Platz, an dem eine Bettlerin saß, die um Geld anhielt. Ohne je aufzublicken, ohne ein Zeichen des Bittens oder Dankens zu äußern, saß die Frau stets am gleichen Ort. Rilke gab nie etwas, seine französische Begleiterin warf ihr häufig ein Geldstück hin. Eines Tages fragte die Französin verwundert, warum er nichts gebe. Rilke antwortete: »Wir müssten ihrem Herzen schenken, nicht ihrer Hand.«

Wenige Tage später brachte Rilke eine eben aufgeblühte weiße Rose mit, legte sie in die offe-

ne, abgezehrte Hand der Bettlerin und wollte weitergehen. Da geschah das Unerwartete: Die Bettlerin blickte auf, sah den Geber, erhob sich mühsam von der Erde, tastete nach des Hand des fremden Mannes, küsste sie und ging mit der Rose davon.

Eine Woche lang war die Alte verschwunden; der Platz, an dem sie vorher gebettelt hatte, blieb leer. Nach acht Tagen saß sie plötzlich wieder wie früher an der gewohnten Stelle.

Sie war stumm wie damals, wiederum nur ihre Bedürftigkeit zeigend durch die ausgestreckte Hand. »Aber wovon hat sie denn in all den Tagen gelebt?«, fragte die Französin. Rilke antwortete: »Von der Rose.«

Das ist es, was ein jeder von uns braucht, etwas, was unter die Haut geht, was unser Innerstes, unser Herz berührt. Auch hier sollten wir uns ruhig einmal fragen:

- Welche Momente in meinem Leben haben mein Innerstes berührt?
- Was hat mich aus dumpfer Verzweiflung herausgerissen?
- Wie könnte ich verlorene Werte wieder in mein Leben einbeziehen?

Jeder Mensch braucht »Wartung« – die Waage muss stimmen

Im Blick auf die Technik ist uns klar: Eine Maschine über lange Zeit zu stark zu strapazieren zahlt sich im Endeffekt nicht aus. Die Reparaturkosten sind später dann umso höher. Ein Auto muss zur Inspektion, muss von Zeit zur Zeit überholt werden. Und dafür sorgen wir auch mehr oder weniger und halten Termine ein.
Aber ... was machen wir oft mit unserem Leben? Auch wir Menschen brauchen »Wartung«. Benötigen Inselzeiten, Pausen, und zwar nicht erst dann, wenn der Akku schon auf Null steht.

- Wir brauchen Zeiten, in denen wir alleine sind, wenn wir viel mit anderen Menschen zu tun hatten.
- Wir brauchen Zeiten, wo wir auftanken, zur Ruhe kommen können.
- Wir brauchen Zeiten, die einen Ausgleich zum Alltag schaffen.
- Wir brauchen Zeiten, wo auch die beschauliche Seite des Lebens Anregungen bekommt.
- Wir brauchen Zeiten, die uns Nahrung fürs Herz bieten.
- Wir brauchen Zeiten, wo wir die Fragen loswerden können, die uns auf der Seele brennen.

Aufatmen, durchatmen, neu starten, das sind Elemente, die im Leben nicht fehlen dürfen. *Reif für die Insel,* das ist ein Sehnsuchtswort für Menschen, die den Eindruck haben, dass sie den Anforderungen des Alltags nicht mehr gewachsen sind.

Hier sind besonders die Powertypen angesprochen. Die mit Schlagfertigkeit und Durchsetzungsvermögen, mit Siegerlächeln und Erfolgslaune durchs Leben hecheln. Stark, fit und immer obenauf sein ist ihre Parole. Nur keine Schwäche zeigen, sich nie eine Blöße geben, keine Verwundungen zugeben, niemals Fehler eingestehn oder gar um Verzeihung bitten. Und immer noch mehr schaffen wollen, als schon geschafft ist ...

Wer auf Dauer so lebt, wird höchstwahrscheinlich nicht sehr alt. Denn auch hinter einer starken Fassade sieht es so aus wie bei jedem anderen Menschen, und diese Wirklichkeit kommt irgendwann zum Vorschein: Wir haben Stärken, wir haben aber auch Schwächen, wir sind Gewinner und auch Verlierer, wir sehen unsere Gaben und doch zeigen sich auch Grenzen. Wir können viel leisten und doch müssen wir auch schlafen. Wir haben Kraft, aber wir sind keine Übermenschen. Wir sind groß und wir sind auch klein.

Arbeiten wir also nicht gegen uns selbst. Das wäre Leben unter falscher Flagge. Wer sein Leben ehrlich betrachtet, wird dafür sorgen, dass die Waage seines Lebens stimmt. Dass ein ausgewogenes Verhältnis von Freizeit und Arbeit da ist. Von Reden und Schweigen, von Gemeinschaft und Alleinsein, von Anspannung und Entspannung, von Familie und Arbeit, von körperlicher und geistiger Belastung, von Leistung und Schwäche. Ich merke, dass ich mich selbst immer wieder neu sehen lernen muss.

Spannung macht das Leben spannend

Das gilt besonders für die Spannung zwischen Freude und Leid. Diese beiden Pole gehören zusammen wie Ebbe und Flut.

Im Leben braucht es Höhen und Tiefen. Zeiten, wo alles daneben geht, und Zeiten, wo das Leben gelingt. Auch Zeiten, die genau dazwischen hängen und der Langeweile recht nahe kommen. Sich nur nach den Freuden des Lebens zu sehnen, nach den Höhen, nach glücklichen Tagen, ist menschlich, aber auch sehr kurzsichtig. Wenn wir jeden Tag nur Freude erleben würden, würde sie bald ihren Wert verlieren.

Es ist kein Zufall, sondern ein wohl durchdachter Plan, dass wir im Leben Sorgen und Freuden erfahren. Das eine löst das andere ab und die Kombination von Leid und Freude stärkt uns. Die Zeiten der Freude sind gut für uns, damit wir uns von den schmerzlichen Erfahrungen erholen können, die unserem Wachstum und unserer Entwicklung dienen.

Die Realität sieht so aus, dass wir jeden Tag Anlass haben, uns zu ärgern oder auch befreiend zu lachen. Keine der beiden Stimmungen sollte die Oberhand gewinnen. Jemandem, der immer nur lachend durchs Leben zieht, dem nimmt man irgendwann das ernsthafte Leben nicht mehr ab. Es wäre unnatürlich. Jemand, der nur noch wie ein Trauerkloß sein Leben fristet, reduziert sein Leben und wird zunehmend lebloser und enger.

Wir brauchen beide Pole. Das ist der natürliche Rhythmus des Lebens. Es kommt nur darauf an, dass wir diesen Rhythmus akzeptieren. Das macht uns reif.

Wahrlich! Das Schwere, das Leidvolle, wird uns, wenn wir es durchlebt und durchlitten haben, reifer machen. Das Schwere, Leidvolle, gewährt uns aber auch Einblicke, die wir in fröhlichen Tagen niemals machen würden. Und wie schön ist es, wenn nach einer dunklen Nacht die Sonne wieder aufgeht. Wenn sich nach einem Sturm die Wellen wieder glätten. Wenn nach einem lausig kalten Winter der erste frühlingshafte Sonnenstrahl das Gesicht berührt. Das sind Momente echten Glücks.

Das alles gilt auch für unser geistliches Leben. In der Bibel ist die Rede davon, dass wir ein Kreuz zu tragen haben. Das Kreuz tragen heißt aber im Sinne Jesu nicht, dass wir uns das Leben künstlich oder bewusst schwer machen sollen. Nein, vielmehr gehört das Kreuz ganz natürlich zum Leben dazu.

Ich kann nur erfüllt leben, wenn ich bereit bin, das, was mein Leben »durchkreuzt«, auch anzunehmen. Wenn ich stur nach meinen Ideen leben, von einem Höhepunkt zum anderen streben will, wird mein Leben letztlich starr. Es muss aber immer wieder aufgebrochen werden, damit das Leben

weiter und lebendiger wird. Ich kann das Leben nur in Freude und Freiheit leben, wenn ich ja sage zu seiner Gestalt. Und nur so wird es immer wieder auch eine neue Gestalt annehmen.

C. G. Jung hat mehrfach betont, dass die Annahme unseres Selbst bedeutet, das Kreuz zu tragen, weil wir uns nur annehmen können mit den Gegensätzen, die unser Leben ausmachen. Und diese Gegensätze bringen Spannungen ins Spiel, und das ist auch spannend. Genau das lässt unser Leben schlussendlich lebendig sein. Gerade in der Auseinandersetzung mit den Schicksalsschlägen unseres Lebens liegt die Chance zu neuen Wegen.

Ich erinnere mich an eine Dame, die wirklich viel mitgemacht hat. Zwei Weltkriege, Kinder und Mann verloren. »Jeder muss sein Kreuz tragen«, war des Öfteren ihr Kommentar. Erstaunlicherweise war es ein fröhlicher Kommentar. Das Schicksal hat sie nicht gebrochen, weil sie bereit war, das Kreuz anzunehmen, das es ihr beschert hatte. Sie hat das Schwere in ihr Leben integriert.

Gleichzeitig hat sie aber auch in einem gesunden Maß davon Abstand genommen und nach neuen Lebensmöglichkeiten Ausschau gehalten. Sie wusste, dass das Leben nicht nur eine Erfolgsgeschichte ist, sondern dass das Kreuz dazugehört. Und sie wusste um den gekreuzigten Christus, der durch sein Leiden auch all unser Leiden kennt. Darum fühlte sie sich niemals einsam in ihrem Leid.

Nimm dir Zeit

Du liebe Zeit!, sagen wir. Aber lieben wir sie wirklich? Manchmal vertreiben wie sie eher wie eine lästige Fliege. Stört uns die Zeit so sehr?

Manchmal schlagen wir sie sogar tot. Ist sie so gefährlich und bedrohlich? Und manchmal verschwenden wir unsere kostbare Zeit. Ist sie uns so gleichgültig und nebensächlich?

Ich kann mich bewusst entscheiden, jeden Tag wie ein Geschenk zu empfangen. Ihn zu lieben wie eine Kostbarkeit, zu gestalten wie eine einmalige Gelegenheit, zu nutzen wie etwas ganz Großes, das Beste daraus zu machen, was möglich ist, für das zu danken, was gelingt, und für das um Vergebung zu bitten, was daneben gegangen ist, und am Abend den Tag in Gottes Hände zurückzulegen.
Die einzige Möglichkeit, Zeit zu haben, ist, sie sich zu nehmen.

- Nimm dir Zeit zur Arbeit und tue sie mit Freuden, dann wirst du Erfolg haben.
- Nimm dir Zeit zum Nachdenken, dann werden viele Ideen in dir erwachen.
- Nimm dir Zeit zum Spielen, das wird dich ausgelassen und heiter stimmen.
- Nimm dir Zeit zum Lachen, das ist die Musik der Seele.
- Nimm dir Zeit zum Lesen, das ist der Brunnen der Weisheit.

- Nimm dir Zeit zum Träumen, das ist das Atemholen der Seele.
- Nimm dir Zeit zum Hören, das ist die Brücke zum anderen.
- Nimm dir Zeit zum Reden, das wird deiner Seele wohl tun.
- Nimm dir Zeit zum Schlafen, das wird deine Kräfte erneuern.
- Nimm dir Zeit zum Nichtstun, das wird dich entspannen.
- Nimm dir Zeit zum Beten, das lässt dich reifen und zu Gott hin wachsen.
- Nimm dir Zeit zum Weinen, das schwemmt verhärtete Krusten von deinem Herzen.
- Nimm dir Zeit für Menschen, das bringt dir das Glück der Gemeinschaft.
- Nimm dir Zeit für Gott, denn ohne ihn ist jede Zeit verlorene Zeit.
- Nimm dir Zeit für Gefühle, sie lassen dich das Leben spüren.
- Nimm mal eine Auszeit, das wird deinem Leben eine neue Richtung geben.

Mach mal was anderes

- Mal wieder *nah*sehen, statt *fern*sehen: einem geschätzten, geliebten Menschen in die Augen sehen.
- Mal wieder *ankommen*, statt *wegfahren*: Freunde besuchen und sich austauschen.
- Mal wieder in den Kopf *rein*sehen, statt immer nur *heraus*: seinen ureigensten Regungen nachsinnen, den Puls des Lebens spüren, den Gedanken nachhängen.
- Mal wieder *sammeln,* statt *zerstreuen*: die Schöpfung betrachten, ein gutes Buch lesen, Stille suchen.
- Mal wieder *Zuflucht,* statt *Flucht*: Gott begegnen und ihm unser Herz ausschütten.
- Mal wieder *auftauchen,* statt *untergehen*: in der Kirche dabei sein und mit anderen Gottesdienst feiern.
- Mal wieder *Ruhe,* statt *Hektik*: einen Abend ohne Termine verbringen, ohne Freunde, nur mit sich allein.
- Mal wieder *hinhören,* statt immer nur *reden.* Das wird unser Leben reich machen.
- Mal wieder *Briefe schreiben,* statt *Drucksachen* (SMS) *verschicken*: nichts ist persönlicher als ein handgeschriebener Brief.
- Mal wieder *Sinnlichkeit,* statt *Sachlichkeit*: mit allen Sinnen das Leben wahrnehmen. Riechen, fühlen, schmecken, sehen, hören.

- Mal wieder *Lust,* statt *Frust*: die Freude am Alltag, an der Arbeit, den kleinen Dingen und den Menschen um mich herum wieder finden.
- Mal wieder *Loblieder,* statt *Klagelieder*: das ewige Gejammer aufgeben und mal wieder für das Ewige danken.

Mach mal was anderes!

Gut mit sich umgehen

Wir haben schon oft gehört, dass es darauf ankommt, dass der Mensch sich selbst annehmen kann. Was sich so einfach anhört, ist in Wirklichkeit eine »hohe Kunst.« Wie viele Bücher, Seminare, Fortbildungen gibt es alleine zum Thema Selbstannahme!

Eines wissen wir wohl alle: Selbstannahme muss erarbeitet, erkämpft werden und erfordert einige Denkprozesse. Es ist schwierig, sich so anzunehmen, wie man ist. Wir spüren es alle in uns, dass wir eigentlich recht erbärmliche Gestalten sind. Menschen mit Schwächen und Fehlern und unglücklichen Anlagen.

Schon der bloße Gedanke daran kann einen in Angstschweiß versetzen. Aus den vielen Antworten und Tipps, die es zu diesem Thema gibt, möchte ich nur einen Impuls herausgreifen:

Lernen wir es, barmherzig mit uns selbst zu sein

Barmherzigkeit! Das scheint mir in diesem Zusammenhang ein wichtiges Stichwort zu sein. Barmherzigkeit uns selbst gegenüber in dem Sinne, dass wir um all unsere Abgründe, unsere

Schattenseiten, unsere Verfehlungen, unsere gemeinen und betrügerischen Tendenzen, um all unsere Sünden wissen.

Wir wissen es genau: Sollte unsere Fassade einmal zu bröckeln beginnen, dann käme eine Menge »Dreck« zum Vorschein. Ich weiß es genau, dass die Schlechtigkeit anderer Menschen auch in meinem Herzen lauert. Dass die Fehler, die sie gemacht haben, mich ebenso treffen können. Bei mir ist vielleicht nur deswegen nicht alles so schlimm geworden, weil die Möglichkeiten nicht so da waren.

Wichtig ist, dass wir uns das eingestehen. Wir dürfen bis auf die Knochen ehrlich sein, ohne uns dabei zu verurteilen. Dies alles ist zunächst einmal eine bloße Feststellung. Doch genau das wirkt sich, obwohl es eine schmerzliche Tatsache ist, ungeheuer entspannend auf unser Leben aus.

Wir müssen uns nichts mehr vormachen, es muss kein Versteckspiel oder Übertünchen mehr stattfinden. Ich darf mich sehen, wie ich bin, und barmherzig mit mir sein. Nicht in dem Sinne, dass alles in Ordnung ist, wie es ist, sondern dass die Dinge zunächst einmal so sind, wie sie in meinem Leben eben sind.

Ich darf barmherzig meinen dunklen Seiten gegenüber sein. Ich darf traurig sein über all die negativen Dinge, die in meinem Inneren ihr Unwesen treiben. Ich darf erschüttert sein, was bei mir zu Tage kommt, wenn man nur den richtigen

Schalter betätigt. Aber ich muss mich deswegen nicht verurteilen.

Wenn ich mein Leben so betrachte – aus dem Blickwinkel der Barmherzigkeit –, dann wird das Folgen haben. Positive Folgen! Dann wird mich diese Barmherzigkeit vor Hochmut, Stolz und Überheblichkeit bewahren.

Vor einiger Zeit kam eine Frau mit einem bestimmten Problem zu einem seelsorgerlichen Gespräch zu mir. Ich kann mich noch gut erinnern: Ziemlich energisch kritisierte ich ihre Vorgehensweise. Kurze Zeit später, man kann es Ironie des Schicksals nennen (ich nenne es liebevolle Führung Gottes), befand ich mich in der gleichen misslichen Situation wieder, in der diese Frau gesteckt hatte, und, oh Schreck, ich reagierte ähnlich wie sie. Erst da bemerkte ich, wie unbarmherzig ich mit ihr umgegangen war.

Das macht deutlich: Barmherzigkeit dem anderen gegenüber ist nur möglich, wenn wir auch mit uns selber barmherzig sind, wenn wir um unsere eigenen Dunkelheiten wissen. Nur wer in die Abgründe der eigenen Seele geschaut hat, kann anderen Menschen mit Hochachtung und vorurteilslos begegnen.

Gut mit sich selbst umgehen heißt: Ich weiß um meine Fehler, um meine Schuld, um meinen Ärger. Aber ich bin nicht meine Fehler, ich bin auch nicht nur meine Schuld. Dies alles hat nicht die letzte Macht über meine Existenz.

Da gibt es nämlich jemanden, der alle Unvollkommenheiten meines Lebens verwandeln möchte. Meine Aufgabe besteht darin, den Raum in mir zu entdecken, in dem Gott in mir wohnt, zu dem die negativen Probleme und Gefühle keinen Zutritt haben. Und je mehr Gott Raum in meinem Leben gewinnt, um so näher komme ich all den guten Eigenschaften, die durch Gott in mir verankert sind, zum Beispiel: Liebe, Freundlichkeit, Geduld.

Da, wo ich mir wirklich in Barmherzigkeit begegnen kann, genau da startet Gott eine Explosion der Freiheit, da stürzen Götter und Götzen vom Sockel, die mich bisher bestimmt, manipuliert und zensiert haben. Da wird all den negativen Impulsen und niederdrückenden Gedanken der Boden entzogen.

Optimisten leben länger

Wenn man dauernd sagt, die Dinge würden einen schlechten Lauf nehmen, dann hat man gute Chancen zum Propheten zu werden. (Isaac Singer)

Haben Sie sich je gefragt, warum manche Menschen das Leben gut bewältigen, während andere sich davon überwältigen lassen? Wie kommt es, dass manche Menschen die Fähigkeit haben, eventuell sogar trotz schwieriger Vergangenheit, ihr Leben zu bewältigen, ihre Probleme zu überwinden, während andere mit ähnlichem Hintergrund immer in Schwierigkeiten stecken?

Offensichtlich haben sich Optimisten eine Fähigkeit angeeignet, die ihnen hilft, mit ihren Krisen besser klar zu kommen. Und hier ist nicht die Rede von der »Macht des positiven Denkens«. Eine gewisse Form des positiven Denkens versucht zum Beispiel Slogans zu glauben, für die es keine Beweise gibt oder die sogar den Fakten widersprechen, so etwa im Stil von: »Es geht mir jeden Tag in jeder Hinsicht besser und besser.« Wem es gelingt, diese Art von Aussagen wirklich zu glauben, dem mag das eine Hilfe sein. Wer jedoch gelernt hat, kritisch zu denken, der kann mit den suggestiven Wiederholungen erbaulicher Plattitüden wenig anfangen.

Erlernter Optimismus verlangt genaues und kritisches Denken. Es geht darum zu begreifen, dass wir unsere Einstellungen im Wesentlichen selbst wählen können. Wir ganz persönlich können uns entscheiden, wie wir auf eine Situation reagieren wollen.

Der Inhalt unseres Denkens wird von uns selbst gewählt. Ob einer Pessimist oder Optimist ist, hängt von der eigenen Entscheidung ab. Unsere Gedanken und nicht unbedingt äußere Ereignisse schaffen unsere Stimmungslage. Wer das einsieht, der korrigiert seine negativen Denkmuster und bewertet unangenehme Ereignisse als Herausforderung.

Der Defensive klagt,
der Offensive wagt.
Der Defensive redet – der Offensive handelt.
Der Defensive fragt: »Warum?«
Der Offensive fragt: »Warum nicht?«
Der Defensive hat Einwände.
Der Offensive hat Ideen. (Günter F. Gross)

Ausblick

Alles in mir möchte leben.
- Meine Seele sehnt sich nach Geborgenheit.
- Die Nerven schreien nach Ruhe.
- Die Augen verlangen nach heilenden Bildern.
- Das Herz möchte Frieden.
- Die Ohren lauschen auf gute Worte.
- Die Beine wollen Bewegung.
- Die Hände suchen einen festen Halt.
- Die Lunge schreit nach frischer Luft.
- Der Kopf möchte Klarheit.
- Der Leib sucht Wärme und Fürsorge.
- Mein ganzes ICH schreit nach LEBEN.
- Mein ganzes ICH schreit: »Herr, erbarme dich, du bist meine Hoffnung!«

Herr, Gott, mein Heiland,
ich schreie Tag und Nacht vor dir.
Lass mein Gebet vor dich kommen,
neige deine Ohren zu meinem Schreien.
(Psalm 88,2–3)

In der Reihe Glaubens- und Lebenshilfe
sind bisher erschienen:

Harald Petersen, Leben mit unerfüllten Wünschen?
Bestell-Nr. 07 171

Frauke Hofmann, ... weil du so wertvoll bist!
Bestell-Nr. 07 172

Arno Kawohl, Auf Hoffnung eingestimmt!
Bestell-Nr. 07 173

Karin Ackermann, Loslassen – das Land des Lebens urbar machen
Bestell-Nr. 07 174

Nicoletta Vogel, Mit Krankheit leben
Bestell-Nr. 07 175

Arne Völkel, Geschenkte Freiheit
Bestell-Nr. 07 176

Gisela Keßler, Warum kann ich dich bloß nicht verstehen? Bestell-Nr. 07 177

Karin Ackermann, Wie man es trotzdem schafft
Bestell-Nr. 07 178

Harald Petersen, Ist Gott wirklich so?
Bestell-Nr. 07 179